# ÉLOGE FUNÈBRE

DE

M. LOUIS-LÉONARD

# GOBAILLE

*Curé-Archiprêtre de Saint-Quentin*

PRONONCÉ

DANS L'ÉGLISE COLLÉGIALE DE SAINT-QUENTIN

LE 1er AVRIL 1875

**Par M. l'Abbé GUYART**

Vicaire général de Soissons

SAINT-QUENTIN

IMPRIMERIE DE JULES MOUREAU

Grand'Place

M DCCC LXXV

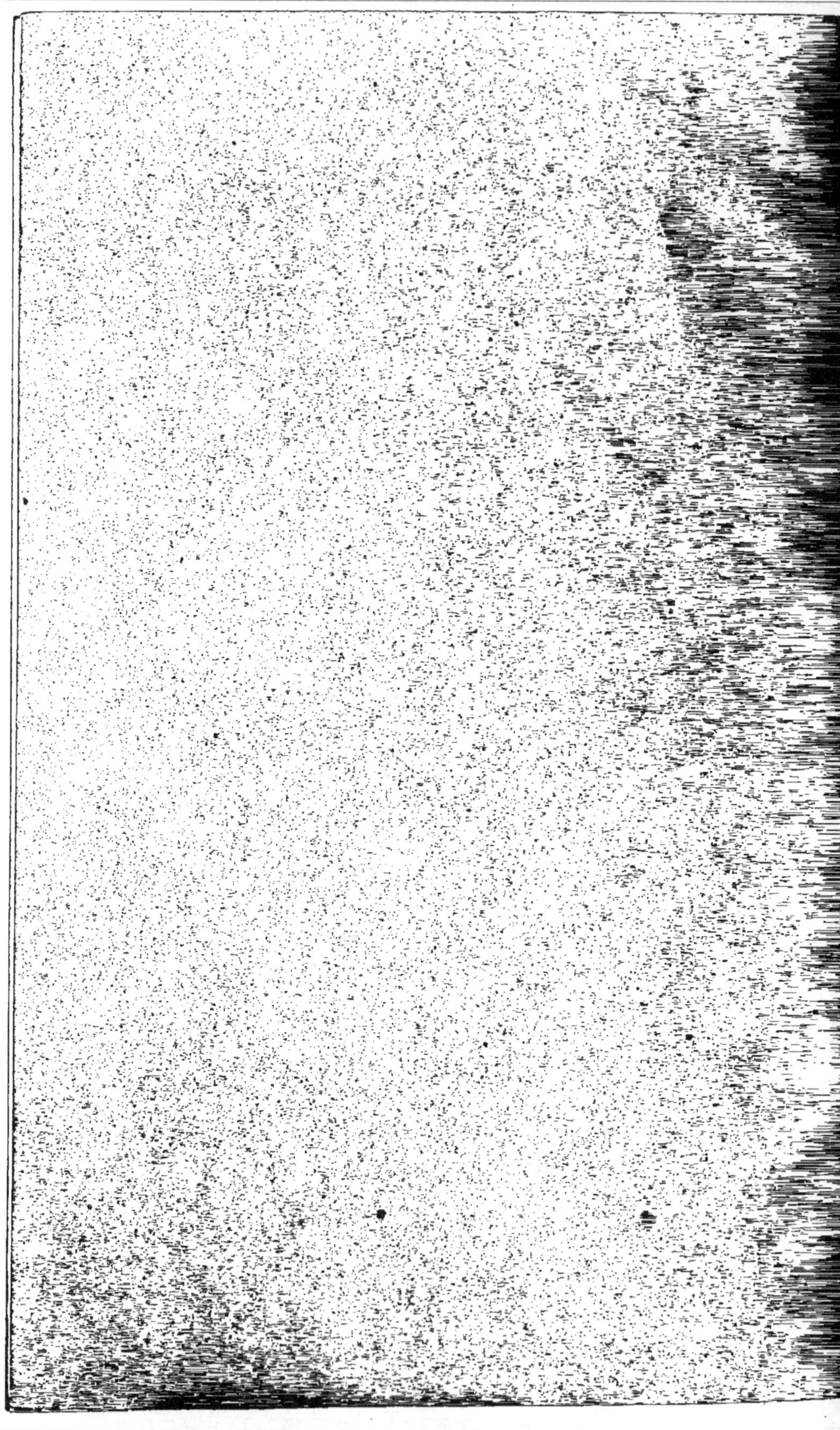

# ÉLOGE FUNÈBRE

DE

# M. LOUIS-LÉONARD GOBAILLE

CURÉ-ARCHIPRÊTRE DE SAINT-QUENTIN

# ÉLOGE FUNÈBRE

DE

M. LOUIS-LÉONARD

# GOBAILLE

*Curé-Archiprêtre de Saint-Quentin*

PRONONCÉ

DANS L'ÉGLISE COLLÉGIALE DE SAINT-QUENTIN

LE 1er AVRIL 1875

**Par M. l'Abbé GUYART**

Vicaire général de Soissons

---

SAINT-QUENTIN

IMPRIMERIE DE JULES MOUREAU

Grand'Place

M DCCC LXXV

# ÉLOGE FUNÈBRE

DE

# M. LOUIS-LÉONARD GOBAILLE

*Curé-Archiprêtre de Saint-Quentin*

*Justus autem meus ex fide vivit.*
Le juste vit de la foi.
(HEBR., X, 38.)

MES TRÈS-CHERS FRÈRES,

Ces belles et instructives paroles du grand Apôtre sont un fidèle résumé de la vie du vénérable et saint Archiprêtre, que Dieu, dans son infinie miséricorde, avait placé à la tête de cette importante paroisse et qu'il vient de rappeler à lui. Il était, dans un degré très-éminent, un homme de foi ; et c'est cette admirable vertu qui a développé en lui toutes les grandes qualités que vous vous plaisiez à admirer et qui ont fait de lui, à vos yeux, et surtout aux yeux de Dieu, un saint, dans toute l'étendue de cette sublime expression.

Sans doute, mes très-chers frères, la foi est aussi la vie de toute âme juste pratiquant une vertu ordinaire ; elle est le principe nécessaire de toutes ses actions méritoires ;

sans elle, il est impossible de plaire à Dieu [1] et de puiser aux sources divines de la Rédemption. Mais il y a différents degrés qui sont l'origine, la règle et la mesure de la perfection à laquelle l'âme juste peut s'élever, avec le secours de la grâce.

Ainsi, qu'un chrétien qui a embrassé, avec une sincère conviction, les enseignements du saint Évangile, prenne à cœur la grande et importante affaire de son salut éternel ; qu'il soit disposé aux renoncements et aux sacrifices qu'exige l'exacte observation des préceptes du Seigneur ; c'est pour lui un devoir rigoureux et inviolable ; une disposition contraire serait une condamnable inconséquence qu'on ne devrait jamais rencontrer chez un chrétien convaincu. Mais ce n'est là, mes très-chers frères, que le commencement, et comme le premier germe de cette vie divine, que la foi a mission d'établir et de perfectionner en nous.

Qu'un autre ne se borne pas à l'accomplissement des préceptes obligatoires ; que la foi, le pénétrant plus intimement de sa puissante influence, lui fasse goûter le don de Dieu et chercher ses plus douces consolations dans les saintes pratiques de la piété ; qu'il s'affectionne à tout ce qui se rattache au service du Seigneur, au culte que lui rend la sainte Église ; qu'il s'applique à acquérir chaque jour une connaissance plus approfondie et plus pratique des enseignements de notre sainte religion, à étudier

1. Heb. XI, 6.

la vie de notre divin Rédempteur, et les mystères d'amour qu'il a opérés pour notre salut; qu'il excite de plus en plus dans son cœur le goût et le désir des choses célestes, et qu'il donne une généreuse extension à ses œuvres de charité et de miséricorde; c'est un progrès; c'est un précieux accroissement de la vie de la foi; ce devrait être l'état de tout chrétien fidèle.

Mais il est une voie beaucoup plus parfaite que j'ai besoin de vous indiquer ici, afin de vous mettre plus à portée d'apprécier les vertus et l'éminente sainteté de votre vénérable Archiprêtre.

Elle consiste à prendre la foi pour base, pour règle et pour mesure de ses jugements, de ses appréciations et de ses désirs; à lui soumettre, de la manière la plus absolue, tout l'ensemble de ses pensées, de ses affections et de ses actes; à se laisser conduire et diriger par elle; à élever son esprit et son cœur au-dessus de toutes les choses terrestres, afin de ne plus chercher, de ne plus goûter que les choses d'en haut; *quæ sursum sunt quærite, quæ sursum sunt sapite* [1], à se pénétrer intimement des pensées et des affections du Cœur adorable de Jésus, de telle sorte que l'on puisse dire avec le grand Apôtre : *Mihi vivere Christus est* [2], Jésus-Christ est ma vie; c'est ce Dieu Sauveur qui m'éclaire par sa lumière, qui m'anime par sa grâce, qui me conduit et me dirige par ses célestes impulsions; ma vie personnelle a subi en lui une ineffable

1. Coloss., III, 1. — 2. Philip., I, 21.

transformation : je vis encore sans doute, mais en réalité ce n'est plus moi ; c'est Jésus-Christ qui vit en moi. *Vivo, jam non ego ; vivit vero in me Christus* [1].

Telle est, mes très-chers frères, la vie de la foi arrivée à sa parfaite plénitude, et qui anime les justes vraiment dignes de ce nom. *Justus autem meus ex fide vivit.* C'est dans cette plénitude admirable que Monsieur Louis-Léonard Gobaille a enrichi son âme d'un inappréciable trésor de perfection et de sainteté. Nous allons le voir, par les rapides aperçus que nous allons vous présenter sur l'ensemble et la suite de toute sa vie.

I. Dès ses plus tendres années, le jeune Louis-Léonard annonçait, par les plus heureuses dispositions, ce que la grâce de Dieu devait opérer en lui, pour notre édification, et pour le bien de la sainte Église. Ses anciens condisciples, qui sont venus en si grand nombre payer à sa mémoire le pieux tribut de leur haute estime et de leur affectueuse vénération, seraient unanimes pour en rendre ici un légitime et honorable témoignage. L'innocence qu'il a eu le bonheur de conserver dans tout son éclat, sa parfaite régularité, sa tendre piété, son application au travail, en faisaient un modèle, sur lequel ils aimaient à reposer leurs regards. Déjà le jeune Louis-Léonard préparait dans son cœur ces mystérieux degrés dont parle le prophète, et par lesquels il devait, même dès sa jeunesse,

1. Galat., II, 20.

s'élever à une si haute vertu. *Ascensiones in corde suo disposuit*[1]. Il se montrait ce qu'il a été pendant tout le reste de sa vie, l'homme du devoir, attaché à des principes solides, auxquels il soumettait tout l'ensemble de sa conduite. Les brillants succès qu'il obtint dans ses classes n'altérèrent jamais sa profonde humilité. Plein de respect et de soumission pour ses maîtres, de bienveillance et d'affection pour ses condisciples, il était le type accompli du véritable élève du sanctuaire. Peut-être lui a-t-on quelquefois reproché un sérieux au-dessus de son âge ; on se prenait à désirer qu'il tempérât quelque peu de sa rigidité apparente, afin de donner à ses vertus un ascendant plus efficace. Cependant, tous ceux qui ont eu l'avantage de le voir de plus près ont pu constater, sous son abord un peu trop réservé, une excessive délicatesse de procédés, une âme sensible, un cœur plein de condescendance, de bonté et d'affection.

Ces heureuses dispositions n'ont fait que grandir et se développer pendant tout le temps de ses études. On le voyait, avec admiration, faire chaque jour de nouveaux progrès dans la pratique des vertus solides et s'efforcer de devenir cet homme parfait, arrivé à la plénitude de l'âge nécessaire, comme dit le grand Apôtre, pour atteindre à la perfection de Jésus-Christ. *In virum perfectum, in mensuram ætatis plenitudinis Christi*[2]. De sorte, qu'au moment de sa promotion au sacerdoce, il avait cette précoce matu-

1. Psalm., LXXXIII, 16. — 2. Ephes., IV, 13.

rité, que la sainte Église requiert de ceux qu'elle veut élever à ce haut degré d'honneur. *Quorum vita probata senectus sit.*

Oh! qui pourrait dire la haute estime que le pieux lévite avait conçue de cette éminente dignité, les saints élans de foi et de ferveur avec lesquels il se prépara à l'ordination! Qui pourrait dire encore les sentiments de joie et d'espérance avec lesquels le saint Pontife, qui gouvernait alors notre diocèse, lui imposa les mains! O mon Dieu! donnez de tels prêtres à votre sainte Église ; donnez à tous ceux que vous avez choisis pour les intermédiaires de vos grâces, un pareil esprit de foi, de charité et d'abnégation; et, malgré la difficulté des temps, malgré les oppositions et les obstacles que rencontre notre saint ministère, votre règne prendra bientôt une merveilleuse extension.

Le vénérable Pontife avait réservé au jeune prêtre un poste en rapport avec la haute estime et la paternelle confiance qu'il avait conçues pour lui. Il voulait le conserver dans son séminaire; il croyait qu'il serait très-salutaire pour exciter et soutenir le zèle des jeunes aspirants au sacerdoce, de leur mettre sous les yeux un si parfait modèle de régularité, de recueillement et de ferveur. Et après l'avoir envoyé pendant quelque temps comme préfet de discipline dans l'un de ses petits séminaires, il le rappela auprès de lui pour professer la théologie morale au grand séminaire de Soissons. Monsieur Gobaille accepta cette importante mission avec une profonde humilité et avec la sainte défiance qu'il avait toujours de lui-même. Son unique appui était de s'abandonner à la volonté de Dieu, dont il avait fait la règle de sa vie et dont il reconnaissait la manifestation dans les ordres de ses supérieurs. Il trouvait, d'ailleurs, dans la position qui lui était offerte, la perspective d'une vie de retraite, d'étude et de prière, toute conforme à ses goûts, et dont il espérait tirer parti pour la gloire de Dieu et sa sanctification personnelle. Vous savez, ô mes vénérés confrères, qui avez eu le bonheur de recevoir ses enseignements, vous savez comment ces espérances se sont réalisées de la manière la plus complète. Vous avez vu comment il s'est élevé chaque jour à un nouveau degré de sainteté et de perfection; quels saints accroissements il a su donner à son esprit de foi et de ferveur. Jamais religieux n'a mieux profité de sa retraite. Étranger au monde, à ses passions et à ses agitations, il ne vivait que pour Dieu, uniquement occupé des choses qui regardent son service. Il s'appliquait à se tenir continuellement en sa présence, à agir sous son regard, à entrer de plus en plus en communication intime avec lui dans le recueillement et la ferveur de l'oraison. Saintement rigoureux envers lui-même, il augmenta ses austérités déjà excessives ; il mit son bonheur à imprimer sur sa chair innocente les amoureux stigmates de la Passion de son Sauveur, et il en fut amplement récompensé par les consolations sensibles qui remplirent son cœur de joie et d'amour et lui arrachèrent si souvent des larmes bien douces de reconnaissance.

II. Appelé, à l'époque de la retraite du vénérable M. Lequeux, à prendre la haute direction du grand séminaire, en qualité de supérieur, M. Gobaille fit observer publiquement, à son entrée en fonctions, qu'il était totalement incapable de remplacer le prêtre éminent dont il allait occuper le poste. Néanmoins, nous le voyons se dévouer tout entier à ces importantes fonctions. Il est au milieu des élèves du sanctuaire comme une tendre mère pleine de sollicitude pour les besoins de ses enfants. Son unique désir est de les voir croître et s'affermir dans la foi et la piété, afin qu'ils puissent devenir un jour de dignes ministres de Jésus-Christ et de fidèles dispensateurs de ses grâces. Il travaille à former et à développer en eux l'esprit et les sentiments de ce Dieu Sauveur; et, dans ce travail, il ressent, comme le grand Apôtre des nations, les mystérieuses douleurs de l'enfantement spirituel. *Filioli mei, quos iterum parturio donec formetur Christus in vobis*[1]. Tous ceux qui ont eu l'avantage d'être formés par ses soins ne peuvent se lasser de bénir la divine Providence de les avoir placés, pendant les années de leur préparation au sacerdoce, à une semblable école des vertus sacerdotales. Bientôt la renommée de sa sainteté franchit les murs du grand séminaire ; sa réputation grandit et s'étend dans tout le diocèse. Partout on le vénère comme un saint, comme un prêtre selon le cœur de Dieu, qui honore son sacerdoce par la pratique des plus éminentes vertus.

1) Galat., IV, 19.

Mais ce qui paraît au dehors n'est rien, en comparaison des reflets de sainteté et de perfection qui embellissent son âme et qui attirent sur elle les bienveillants regards du Juge suprême des esprits et des cœurs. Oh ! que ne m'est-il permis, mes frères, de vous découvrir ici tout ce qui se passait dans l'intérieur de ce saint prêtre ! Avec quelle inexprimable émotion je le voyais m'ouvrir son cœur et apporter dans ces ouvertures la candeur, la simplicité et l'obéissance de la dernière brebis du troupeau ! Quelles leçons, ô mon Dieu, vous m'avez ménagées, et puissent-elles avoir de plus solides résultats que la vive admiration et les retours d'humilité que m'inspiraient les confidences de ce fervent confrère !

III. Tel est, mes très-chers frères, le digne et excellent pasteur que le Seigneur vous destinait et que Monseigneur notre Évêque vous a donné comme un témoignage du paternel intérêt qu'il a voué à votre importante cité. Je ne vous dirai pas avec quelle vive appréhension ce prêtre vertueux a envisagé le redoutable honneur que l'obéissance sacerdotale lui imposait; quelles pressantes observations il a soumises à l'autorité, sur ce qu'il appelait ses défauts et son incapacité ; quels encouragements il a fallu opposer aux résistances de son humilité ! Mais l'esprit de foi et de parfaite obéissance qui l'a dirigé dans toute sa vie, lui a fait accepter la charge de vos âmes, et il s'y est dévoué avec toute la tendresse et la charité de son excellent cœur. Il a trouvé, dans les dignes auxiliaires que la divine Providence lui avait ménagés, de zélés et intelligents collaborateurs; et tous ensemble, animés du même esprit, n'ayant en vue que la plus grande gloire de Dieu, l'extension du règne de Jésus-Christ et le salut de vos âmes, ils se sont mis généreusement à l'œuvre. Le saint Archiprêtre s'était réservé de les diriger par ses sages conseils et de les animer par son entier et infatigable dévouement.

Le divin pasteur des âmes ne tarda pas à répandre d'abondantes bénédictions sur un ministère commencé avec des intentions si pures. Un bon nombre de personnes pieuses se sentirent attirées vers leur nouvel Archiprêtre et trouvèrent en lui, non-seulement un père plein de bonté et de condescendance, mais surtout un directeur très-avancé lui-même dans les voies de Dieu et capable de seconder utilement leurs efforts dans la pratique des vertus évangéliques. Ses paternelles exhortations et ses sages conseils étaient d'ailleurs soutenus par des exemples bien plus persuasifs que les plus éloquents discours. Lui-même bénit le Seigneur de lui avoir donné, par sa divine assistance, un nouveau témoignage de son adorable volonté, et il sentit s'accroître la tendre et paternelle affection qu'il avait vouée à son troupeau. Toutefois, toujours défiant de lui-même, et appliqué à soumettre sa vie tout entière à la pratique de l'obéissance, il m'écrivait, l'année qui a suivi son installation, ce que je vais vous rapporter :

« Je me plais fort bien à Saint-Quentin; j'y trouve le

moyen de travailler utilement à la gloire de Dieu et au salut des âmes. Néanmoins, en acceptant ce poste élevé, mon intention n'a jamais été de me prévaloir du privilége canonique de l'inamovibilité. Aussi, assurez Monseigneur que si quelque jour il me trouve moins propre à seconder ses vues, je m'empresserai de lui adresser ma démission et j'accepterai très-volontiers la moindre position qu'il voudra bien me donner dans son diocèse. »

Ces quelques lignes, mes très-chers frères, vous révèlent tout entière l'âme de notre saint Archiprêtre. Vous y voyez l'oubli de soi, le dévouement, l'obéissance, l'esprit de foi et d'abnégation dont était pénétré ce grand serviteur de Dieu.

Habitants de Saint-Quentin, vous avez eu depuis dix ans, à la portée de vos regards, un instructif et touchant spectacle. Au milieu de vous, vivait un pasteur zélé, qui vous portait tous dans son cœur et qui ressentait pour vous la plus tendre affection. Uniquement occupé des devoirs de son laborieux ministère, il ne cessait un seul instant de se dépenser pour vos plus chers intérêts et de consacrer au salut de vos âmes son temps, ses soins, ses travaux et toutes les ressources de son zèle. Son bonheur était, à l'exemple du grand Apôtre, de tout sacrifier et de se sacrifier lui-même pour le salut de vos âmes [1]. Jamais vous n'avez vu sa vertu se démentir ; jamais vous n'avez

1. II Cor., XII, 15.

vu ce saint prêtre s'écarter d'une seule ligne des voies de la justice et du devoir qu'il avait prises pour règle. Doux, affable, obligeant, d'un bienveillant abord, souvent même quelque peu timide, il savait s'armer d'une sainte inflexibilité lorsqu'il s'agissait de défendre les principes sacrés de la religion, de la vérité et de la justice. Il était essentiellement l'homme du devoir. Levé tous les jours à quatre heures du matin, comme le plus humble de vos hommes de peine, il entrait en communication intime avec son Dieu pour lui recommander vos intérêts, et il réglait l'emploi de sa laborieuse journée. A sept heures, quelquefois plus tôt, il se rendait à l'église, où il passait habituellement toutes ses matinées, soit à prolonger son oraison, soit à entendre les nombreux pénitents qui se pressaient autour de son tribunal sacré. Son exactitude pour la célébration des saints offices était sans exemple : jamais, sous aucun prétexte, dans quelque circonstance que ce fût, sa ponctualité ne s'est trouvée en défaut. Tous ceux qui le voyaient à l'autel, au chœur ou dans l'accomplissement des fonctions sacrées, ne pouvaient s'empêcher d'admirer son parfait recueillement et la sainte impression de ferveur qui se répandait sur tout son extérieur. Que dirai-je de son désintéressement, de son zèle pour la décoration et l'embellissement de la maison de Dieu, du concours empressé qu'il donnait à toutes les œuvres de piété et de charité, de cette vie austère et laborieuse, de cette constance qui ne s'est jamais démentie un seul instant? Ah! mes très-chers frères, est-ce qu'un spectacle aussi édifiant n'a fait aucune impression sur vos cœurs? Est-ce que vous ne vous êtes pas sentis portés à admirer la sainte et divine religion qui est capable de susciter de si éminentes vertus, de soutenir une telle constance et d'inspirer un si entier et si généreux dévouement?

Et lorsqu'au souvenir des exemples de ce saint prêtre, vous ajoutez celui des deux vénérables pasteurs qui l'ont précédé ; lorsque vous vous rappelez le zèle qu'a déployé, au milieu de vous, M. Tavernier, son prédécesseur immédiat, et les œuvres qu'il a fondées ; lorsque reportant vos souvenirs plus en arrière, vous évoquez la noble et imposante figure de M. Grandmoulin, ce pasteur si éminent par son savoir, par son caractère et par sa piété, que les anciens d'entre vous se plaisaient à environner de leur filiale vénération ; est-ce que vous pourriez vous empêcher de voir, dans cette suite de pasteurs si recommandables à tant de titres, un bienfait spécial de la divine Providence et un témoignage de prédilection pour votre importante cité?

Que si maintenant, élargissant cet horizon un peu trop borné, vous considérez la marche triomphante de l'Église de Jésus-Christ à travers les siècles, les vives lumières qu'elle a fait briller sur le monde, les institutions qu'elle a fondées, les bienfaits qu'elle a répandus, la salutaire influence qu'elle a exercée ; si vous considérez les combats qu'elle a soutenus contre les plus redoutables adversaires, et qu'elle soutient encore de nos jours, avec une invincible constance, dans les cinq parties du monde ;

si vous reportez vos regards sur l'auguste et bien-aimé Pontife qui la gouverne, et qui, dépouillé de ses États, réduit en captivité, destitué de tout secours humain, sait encore imprimer à sa parole un tel ascendant d'autorité et de puissance, que tous les fidèles la reçoivent avec une amoureuse soumission, tandis qu'elle déconcerte les ennemis de l'Église, et fait éclater, malgré un redoublement d'injustes vexations, leur radicale impuissance; dites-moi : Est-ce que vous ne sentez pas qu'il y a là quelque chose d'extraordinaire, d'incompréhensible, de surhumain, en un mot, quelque chose de divin, bien propre à vous inspirer de sérieuses réflexions? Est-ce que vous n'êtes pas tentés de vous écrier, comme Moïse, à la vue du buisson mystérieux qui brûlait sans se consumer : *Vadam et videbo visionem hanc magnam*[1]. Approchons, et rendons-nous compte de ce prodige?... Mais ô déni criant de toute impartialité et de toute justice, c'est précisément ce que les impies, même les indifférents de nos jours, ne veulent pas faire. Au lieu de s'approcher de notre sainte religion, au lieu d'étudier ses divins enseignements, d'examiner les preuves sur lesquelles elle repose, d'écouter et de peser les motifs allégués par ceux qui sont chargés de la défendre, *Vadam et videbo visionem hanc magnam;* ils s'éloignent, le blasphème à la bouche et la haine dans le cœur, ils condamnent la religion de parti pris, aveuglés qu'ils sont par d'injustes préventions, et égarés par les

1. Exod., III, 3.

allégations de ses plus implacables adversaires ; et, ce qui met le comble à cette iniquité, ils entraînent à leur suite le pauvre peuple qui n'avait que ce seul frein pour réprimer ses passions, et cette suprême consolation pour adoucir ses poignantes souffrances.

Oh ! combien la vue d'une semblable injustice n'a-t-elle pas douloureusement oppressé le cœur de votre saint Archiprêtre ! Comme son zèle ardent pour votre salut lui faisait éprouver de violentes angoisses !... Ce zèle n'était pas, vous le savez bien, mes très-chers frères, un zèle amer, plein d'indignation et d'invectives ; c'était un zèle inspiré par la charité la plus désintéressée et la plus ardente ; un zèle semblable à celui du Sauveur pleurant sur Jérusalem, et priant sur la croix pour ses implacables bourreaux. Oh ! comme il priait le Seigneur avec instance de pardonner à ces pauvres égarés, et de les ramener à la connaissance de sa divine lumière ! Comme il multipliait, pour obtenir cette grâce, ses austérités et ses sacrifices ! Comme il se serait estimé heureux, s'il avait pu les sauver en immolant sa vie !

IV. Mais la mesure des mérites du saint prêtre était pleine et abondante ; le temps était venu où le Seigneur devait l'enlever à la terre, afin de lui décerner la récompense qu'il avait méritée par ses bons et dévoués services. Ah ! ici, mes très-chers frères, quel nouveau et émouvant spectacle ! quelle sainte mort couronnant une sainte vie ! Aux prises avec les plus cruelles douleurs, il s'unit affectueusement à Jésus souffrant ; il médite pendant toute la nuit du jeudi au vendredi saint sur les souffrances de son Sauveur ; il se reconnaît indigne de partager le calice de ses douleurs, et il le bénit de ce qu'il regarde comme une grâce des plus précieuses et un nouveau témoignage de sa divine bonté. Cependant le mal paraît céder à l'efficacité des moyens employés pour le combattre ; le danger a disparu, l'espérance renaît dans tous les cœurs. Soumis à la sainte volonté de Dieu, seul mobile de ses déterminations et de ses actes, le pieux malade se conserve dans les sentiments du plus parfait abandon. Depuis longtemps, il s'est exercé à cette sainte indifférence qui élève l'âme chrétienne au-dessus des troubles et des agitations humaines, et l'établit dans une région sereine, de lumière et de paix. Aussi, ne témoigne-t-il aucun sentiment de regrets lorsque, le mal reprenant son empire et sévissant avec un nouveau degré de violence, toute espérance est bientôt enlevée. Il se prépare à la mort avec le calme et la sérénité qu'il a apportés dans l'accomplissement de tous ses autres devoirs. La sainte et adorable volonté de Dieu ! c'est ce qu'il avait uniquement en vue ; c'est ce qu'il répétait avec un touchant accent de foi pour s'animer et se fortifier pendant le dernier combat. Quelques moments avant de rendre son âme à Dieu, il demandait qu'on lui chantât l'*Ave maris stella ;* il voulait savourer une dernière fois tout ce qu'il y a de douceur, de suavité et de consolation dans cette prière que l'Église adresse à Marie, pour lui demander de nous rendre sûr le chemin de l'éternité, et de nous associer à la gloire et au bonheur de son divin Fils.

*Iter para tutum*
*Ut videntes Jesum*
*Semper collætemur.*

C'est dans cette fervente invocation que l'âme du saint prêtre prit son essor vers la céleste demeure, qui avait été pendant toute sa vie l'objet unique de ses recherches et de ses aspirations.

V. Il n'est plus, mes très-chers frères, ce pasteur vénérable et chéri, qui vous a tant édifiés par sa sainteté et qui s'est employé avec tant d'ardeur au salut de vos âmes. Ou plutôt, du haut du ciel, il continue la paternelle médiation que le Seigneur lui avait confiée sur la terre, en vue de vos intérêts spirituels. Il continue de s'entremettre pour vous auprès de Dieu et de solliciter les grâces et le secours dont vous avez besoin. Vous l'avez compris ; aussi, au moment où la nouvelle de sa sainte mort s'est répandue dans votre ville, vous êtes accourus en foule, pour vénérer sa dépouille mortelle, et vous avez, par votre pieux empressement, renouvelé ce qui se passait aux plus beaux siècles de l'Église, et ce que saint Grégoire de Nazianze rapporte avec tant de consolation, en décrivant les funérailles de saint Basile, son frère, évêque de Césarée : « Le saint prêtre, dit-il, était placé, revêtu de ses habits sacerdotaux, sur son lit funéraire, et vous vous empressiez tous autour de lui ; les uns touchant avec respect le bord de ses vêtements, les autres présentant de pieux objets au contact de ses restes vénérés, tous s'efforçant de rendre hommage à ses vertus et de lui donner une dernière marque de leur profonde et filiale vénération : *Efferebatur vir sanctus ; unusquisque autem operam dabat, alius ut fimbriam, alius ut umbram, alius ut sacriferum lectulum arriperet;* c'était à qui pourrait approcher et jeter un dernier regard sur les traits de ce pieux et bien-aimé pasteur, dans l'espérance de trouver en cette suprême contemplation, un nouvel encouragement au bien, et un précieux gage de la protection divine, *alius ut propiùs ad eos qui corpus ferebant, accederet ; alius ut aspectu solo frueretur, tanquam eo quoque utilitatis afferente* [1]. »

Et maintenant que vous reste-t-il, mes très-chers frères, sinon de recueillir avec soin tout ce que vous avez vu, tout ce que vous avez entendu, tout ce que vous avez appris des édifiants exemples d'un si saint prêtre, et d'en conserver à jamais le précieux souvenir. Que ceux d'entre vous, qui ont eu le bonheur de recevoir ses sages avis, lui prouvent leur respectueuse et filiale reconnaissance, en les mettant en pratique avec une inviolable fidélité. Ces recommandations, appuyées par d'aussi saints exemples, doivent avoir sur vous une autorité plus grande, maintenant qu'il a quitté cette terre pour entrer dans les demeures éternelles. Le souvenir de sa sainte vie doit être pour vous une

1. Greg. Naz., *Orat.*, XLIII.

exhortation continuelle : *Defunctus adhuc loquitur* [1]. Ah ! si la plénitude de l'esprit de foi dont il était si profondément pénétré et qui était le principe et la règle de tous ses actes pouvait répandre sur vous toutes ses divines profusions ! Si, suivant les ardents désirs qu'il exprimait avec tant d'instance à son divin Sauveur, vous pouviez marcher dans la voie qu'il vous a montrée et qu'il a suivie lui-même avec une fidélité si constante et si généreuse ! Ce serait pour vous mes très-chers frères, le moyen de profiter du passage, hélas trop court, d'un pasteur d'une sainteté aussi éminente, et ce serait vous ménager l'espérance de le retrouver un jour dans la céleste Patrie. C'est ce que je vous souhaite...

AINSI SOIT-IL !

1. Hebr., XI, 4.

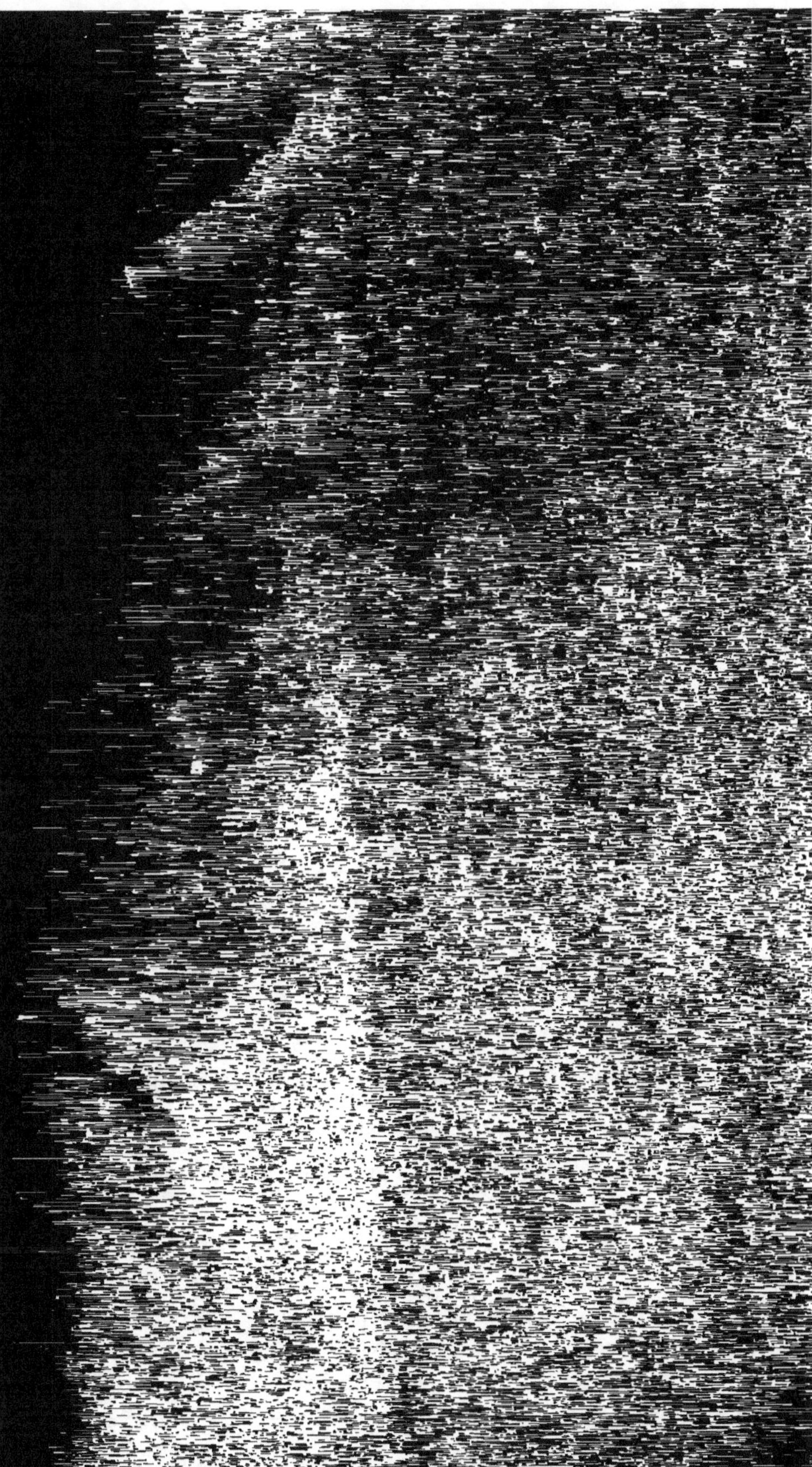

# ÉLOGE FUNÈBRE

DE

# M. LOUIS-LÉONARD GOBAILLE

*Curé-Archiprêtre de Saint-Quentin.*

PRIX : 50 CENTIMES

Le produit de la vente sera affecté au Monument funèbre
qui sera élevé
à la mémoire du digne et vénéré Archiprêtre.

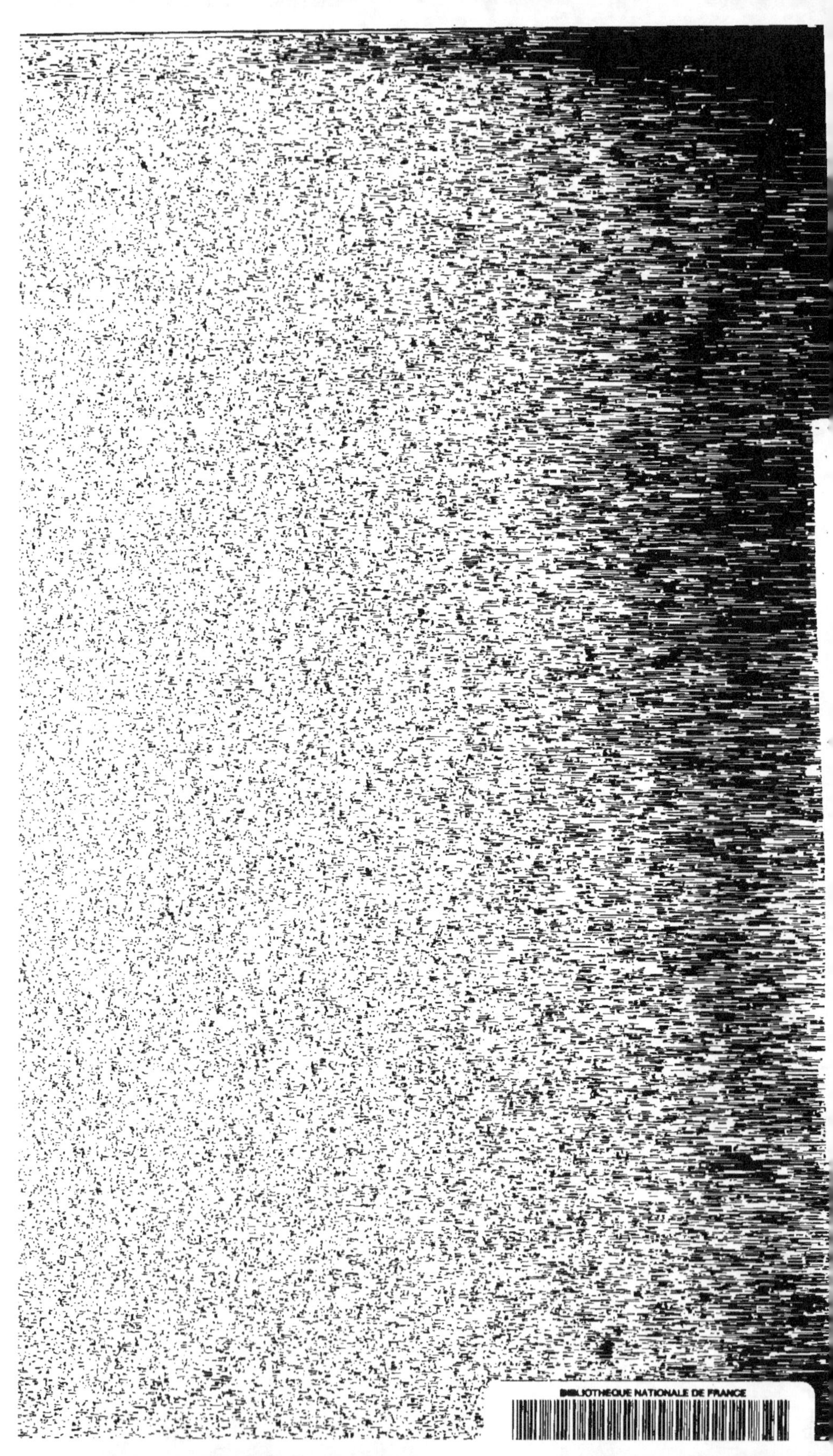
BIBLIOTHEQUE NATIONALE DE FRANCE

www.ingramcontent.com/pod-product-compliance
Lightning Source LLC
LaVergne TN
LVHW020258230826
846091LV00006B/2470
*9782011778895*